La Tua Prima Start-Up (Libro 2)

Prossimi Passi

Come Accelerare la Transizione da un Lavoro Dipendente ad Avere una Tua Attività

Wayne Walker

Indice

Introduzione

Congratulazioni per aver intrapreso i prossimi passi del tuo viaggio nel mondo del business! La mia motivazione rimane la medesima di tutti gli altri miei libri: portare esperienze e risultati nel mondo reale senza bisogno di sfogliare centinaia di pagine. Sembra che anche altri siano d'accordo con questo concetto dato che il primo libro, _La Tua Prima Start-Up: Guida al Business delle Start-Up, dall'Idea al Lancio_, è stato ben accolto dai lettori che ringrazio.

Alcuni argomenti sono similari al primo libro, ma il contenuto è stato aggiornato ed ampliato, soprattutto per quanto riguarda l'ambito dell'email marketing e online. L'obiettivo è quello di presentare i nuovi elementi che ho appreso, insieme ad ulteriori sviluppi nelle strategie aziendali. Vediamo insieme qual è il livello successivo per la tua start-up.

Da Dove Iniziare?

Scalabilità

La scalabilità continua ad essere un elemento più importante che mai. A meno che la tua idea o il tuo concetto di business non abbia la capacità di scalare, come ho scritto in precedenza, ti consiglio di mantenere il tuo lavoro. Resisti all'impulso di avviare un'impresa finché non riesci a capire come fare. Un rapido esempio per coloro che potrebbero aver dimenticato il significato di scalabile: la tua azienda può gestire un ordine per 1.000 unità con quasi la stessa facilità di un ordine per 100 unità.

Lezioni di Scalabilità Durante il Coronavirus

A livello globale, abbiamo vissuto ondate di epidemie e pandemie. Negli ultimi decenni abbiamo combattuto contro l'influenza suina, la SARS, poi l'Ebola, il virus Zika, fino ad arrivare al più recente COVID-19. Gli esperti sono sicuri che in futuro quest'ultimo verrà sostituito da altro ancora. Ogni epidemia mette in evidenza i punti deboli delle idee non scalabili. Essere il miglior calzolaio è fantastico, ma se le persone non possono o hanno paura a lasciare le proprie case, per questo modello di business le cose cominceranno a non andare poi così bene. Quest'ultima pandemia ha davvero messo a nudo i modelli di business più deboli, oltre ad aver evidenziato la necessità di avere una parte della tua attività online.

La battuta d'arresto

L'impatto dell'epidemia sul mio business è stato immediato. Stavo tenendo un corso in una classe nella Danimarca centrale quando l'università per la quale insegnavo ha deciso di sospendere le lezioni in presenza. Tre ore dopo, quando sono arrivato nella mia casa di

Copenaghen, il governo ha deciso di chiudere i confini esterni e praticamente anche tutte le attività commerciali. Il giorno successivo, mi è arrivata un'email educata ma dal tono triste da uno dei nostri migliori clienti che ci informava che le nostre lezioni programmate erano state annullate. In poco meno di 24 ore migliaia di dollari di reddito sono svaniti. Ovviamente questa storia su ciò che è capitato alla mia azienda e a me stesso non è la sola; è successo a milioni di persone in tutto il mondo. Quello che sto per condividere con te riguarda ciò che è accaduto dopo e come abbiamo fatto a rimbalzare.

Il rimbalzo e la scalabilità in aiuto!

Una delle cose di cui non ho parlato nel primo libro sono state le minacce di pandemia nell'analisi SWOT della mia azienda Global Capital Market Solutions (GCMS). Onestamente, un'epidemia globale non era qualcosa a cui pensavo, ma in quanti possono dire di averlo fatto? Sfortunatamente, sembra che tale fenomeno si verifichi ogni tot anni. Mi auguro che tutti noi riusciremo ad imparare da quest'ultimo evento, ma a seconda della persona con cui parli sembra che non ci sia ancora abbastanza presa di coscienza.

Il fatto di aver iniziato, anni fa, un lento ma deliberato cambiamento che ha visto una transizione di GCMS per non essere più così dipendente dai ricavi delle lezioni, è stata una benedizione. Durante la pandemia la nostra attività di e-learning (scalabile) ha registrato un notevole aumento delle vendite. Le persone si sono trovate con molto tempo libero inaspettato e voglia di imparare.

Elettronica (e), audio, vendita di libri cartacei

La parte editoriale del mio universo aziendale è quella che ha assistito ad alcuni dei maggiori aumenti delle vendite. Queste sono aumentate dal 50 al 100% a seconda della piattaforma di distribuzione dei libri. Attualmente i miei libri sono venduti su quattro piattaforme differenti. Molti autori per quanto riguarda la distribuzione si appoggiano ad un'unica piattaforma, ma è un qualcosa che mi sento di sconsigliare. Questo perché utilizzando un'unica piattaforma per la distribuzione, operi secondo le regole di quella piattaforma che potrebbero cambiare in qualsiasi momento. Questa potrebbe inoltre riservarsi il diritto di cancellare il tuo account a propria discrezione. Come detto, per fornire la massima flessibilità alla mia attività preferisco che la distribuzione avvenga su più piattaforme.

Le vendite di eBook sono aumentate di oltre il 50%, e i miei libri, che nel frattempo sono stati tradotti in altre lingue, hanno registrato la maggior parte degli aumenti. Ovviamente, con le persone che sono impossibilitate a viaggiare, i libri elettronici sono l'opzione più logica per poter accedere ai contenuti.

I miei audiolibri hanno registrato un aumento delle vendite di quasi il 100%, e questo è stato davvero utile per compensare le perdite dovute alla cancellazione delle lezioni in presenza. All'inizio ho pensato che l'aumento delle vendite fosse dovuto solo alla chiusura a livello globale, ma molti mesi dopo il livello di vendite è rimasto elevato.

Comunque, non tutte le mie pubblicazioni hanno registrato degli aumenti, i libri stampati hanno visto un calo delle vendite del 20-

30%. Uno dei motivi è stato l'improvviso malfunzionamento dei servizi di consegna di pacchi in molti paesi, derivante dal fatto che uno stato dopo l'altro ha deciso la chiusura dei propri confini. Molte aziende hanno interrotto o rallentato le consegne così tanto che le persone non hanno ritenuto valesse più la pena ordinare prodotti fisici.

Cambiamento mentale

Chiunque avvii un'impresa senza prendere in considerazione il cambiamento mentale che hanno dovuto affrontare molte persone sul trovarsi in mezzo a folle e grandi gruppi, sta semplicemente ignorando la realtà. Non entrerò nel merito di come potrebbe sentirsi l'imprenditore; è un qualcosa che riguarda i tuoi clienti. Potresti credere che quel certo virus sia una "bufala" o una "fake news", ma se i tuoi potenziali clienti non sono d'accordo puoi continuare a difendere i tuoi principi dichiarando contemporaneamente bancarotta.

Diverse aziende famose hanno comunicato ai dipendenti che lavorano da casa che avrebbero continuato a farlo... in modo stabile. Come abbiamo visto, questi virus sembrano diffondersi regolarmente. In molti ora si chiedono se le persone vorranno mai più tornare tra le grandi folle. Personalmente, credo che finiremo per arrivare ad un compromesso. Siamo animali sociali e vogliamo stare con gli altri... ma in sicurezza.

Mentalità

Questo argomento da sempre fa parte dei miei libri inerenti al business perché è l'elemento maggiormente critico per qualsiasi tecnologia o strategia aziendale. Se non hai la mentalità corretta per gestire un'attività scalabile, qualsiasi software al mondo sarà inutile per te.

Quindi la domanda ovvia è: cosa si intende per "mentalità"? È solo una falsa motivazione che ti fa sentire bene senza un motivo, come dicono i cosiddetti guru? Niente affatto, semplicemente significa poter contare sulla disciplina per continuare il viaggio, qualunque cosa accada. Molte persone sviluppano questa forza mentale di "continuare ad andare avanti non importa cosa succede" che deriva dallo sport (che anche io ho fatto). Fortunatamente NON si tratta dell'unico modo per sviluppare questo tipo di forza; un esempio che amo spesso usare è quello dei musicisti classici. Chiunque ne abbia conosciuto uno, sa quante ore trascorrano a perfezionare la propria arte. Molti di coloro che riescono a superare i tempi difficili che verranno nel mondo degli affari, solitamente hanno qualche altra area che li hanno aiutati a sviluppare questa caratteristica. Ricorda che anche i più piccoli passi ti fanno andare avanti.

Successo

Una parte fondamentale della mentalità consiste nel determinare da soli cosa sia il successo per TE. Evita la trappola del voler imitare le opinioni delle altre persone su cosa sia il successo. Per te potrebbe trattarsi di un reddito per integrare i tuoi guadagni, o magari per sostituire del tutto il tuo lavoro. Un'altra persona potrebbe avere un obiettivo più filantropico, ad esempio apportare un cambiamento nella società che non abbia nulla a che fare con la realizzazione di un profitto finanziario. Tieni presente che anche essere un'organizzazione senza scopo di lucro non significa essere in perdita. Anche queste organizzazioni necessitano e utilizzano molti principi che fanno parte del mondo delle start-up, inclusi alcuni di quelli presenti in questo libro.

Dopo aver determinato cosa rappresenta per te il successo, sarà necessario seguire i passaggi necessari per ottenerlo. C'è una cosa che mi è stata detta più volte e resta ancora vera: "Non entriamo o arriviamo nel futuro; lo creiamo da ciò che stiamo facendo oggi". Ciò che raccogli in sei mesi o sei anni, in modo equo o ingiusto, proviene prima di tutto da ciò che stai seminando ora. Penso che dovresti chiederti: "Cosa sto seminando?"

Belle persone

Circondati il più possibile di belle persone ed elimina quelle negative, così come faresti con un virus. Come dice qualcuno "Fai attenzione a chi non applaude quando vinci". Ottimo consiglio. Una delle cose più tristi che ho notato quando ho iniziato a lavorare con la mia azienda, è stata vedere che non tutti i miei amici erano felici per me dopo che avevo raggiunto alcuni traguardi. Le persone negative mi hanno solo rivelato in modo chiaro di avere *loro* problemi personali che andavano risolti; e la loro infelicità nei confronti di un amico che stava bene era segno di ciò. All'inizio ero un po' infastidito, ma con il tempo ho imparato ad essere molto più efficiente nell'eliminare questi diffusori di negatività.

Critica costruttiva

Esiste una linea sottile tra una critica costruttiva (qualcosa di positivo) e qualcuno che semplicemente è negativo. Non sempre è facile notare la differenza. La mia regola con le persone è che se sei disposto a condividere le critiche, allora devi esserlo anche per condividere un suggerimento che presenti un'alternativa. Dire "la tua campagna pubblicitaria fa schifo" è inutile, a meno che tu non abbia un suggerimento concreto su come migliorarla. Meglio ancora, dovresti impressionarmi con la tua campagna pubblicitaria che include tutte le caratteristiche che hai suggerito mancassero alla mia.

Una nota importante per i nuovi imprenditori: sei realmente da solo. Non è compito dei tuoi amici o della tua famiglia salvare la tua attività. Se ti aiutano, bene; ma a mio avviso non hanno l'obbligo di farlo. Ma allo stesso tempo dovrebbero farsi da parte e non essere di intralcio.

Non devi farlo

Dal momento che scrivo libri sul mondo delle start-up e degli imprenditori potresti anche pensare che io sia favorevole al diventare proprietario di un'azienda, e in buona parte hai ragione. Tuttavia, sono ugualmente favorevole all'idea che non sia una cosa per tutti. Molte persone che hanno avviato un'impresa non avrebbero mai dovuto lasciare il proprio lavoro. Non c'è niente di sbagliato nell'essere un impiegato. Sì hai letto bene, non c'è niente di sbagliato nell'essere un dipendente, avere un reddito stabile e tornare a casa puntuale ogni sera per cenare con la tua famiglia.

Molti imprenditori, così come la cultura attorno al mondo imprenditoriale, spesso disprezzano le persone che scelgono di continuare a lavorare come dipendenti. La mia opinione è che nella società e nella vita in generale ci siano molti modi per fare la differenza. L'insegnante che entra nella vita dei propri studenti in difficoltà e gli dimostra che possono imparare, per me è un vero eroe. Pertanto, se dopo aver letto queste pagine decidi che "avviare un'attività non fa per me", rispetto questa scelta. A questo punto della tua vita, la decisione di non avviare un'impresa non è la stessa cosa che decidere che ciò non accadrà mai. La tua visione della vita potrebbe cambiare tra sei mesi, e qualunque sia il risultato finale tutti noi fan delle start-up e futuri imprenditori dovremmo essere maggiormente rispettosi della scelta degli altri di non unirsi a noi. La libertà è l'obiettivo; puoi raggiungere la libertà in molti modi differenti.

La Regola delle Pari Probabilità e Come Ampliare il Tuo Business

La Regola delle Pari Probabilità

Un concetto che ha catturato la mia attenzione negli ultimi anni dall'inizio di GCMS è la Regola delle Pari Probabilità. Per cominciare, lasciami affermare nuovamente ciò che spero sia già ovvio: non si tratta di una mia teoria. In realtà è opera di Keith Simonton, uno psicologo di Harvard degli anni '70. La regola afferma che "la pubblicazione media di un determinato scienziato non ha possibilità statisticamente differenti dall'avere un impatto maggiore rispetto alla pubblicazione media di qualsiasi altro scienziato". In parole povere, è altrettanto probabile che uno scienziato pubblichi lavori che attirano l'attenzione, così come produca opere a cui nessuno presterà attenzione.

Cosa ha a che fare questo con il tema del business? O dove mi sta portando questa idea? Quello che sto cercando di fare è renderti consapevole che la tua capacità di previsione di quale potrà essere un prodotto di successo o un'idea di business vincente non è così buona come potresti credere. Ho talmente tanti esempi personali di questo tipo che potrebbero da soli comporre un altro libro... ma non preoccuparti, non ho intenzione di pubblicare un libro come questo.

Alcuni esempi concreti dal mio mondo di GCMS e-Learning e di pubblicazione di libri. Alcuni libri che ho pubblicato originariamente in inglese hanno avuto buone vendite. Quando questi sono stati tradotti in spagnolo e italiano, le vendite sono aumentate notevolmente. Un altro esempio, alcuni dei miei libri hanno avuto delle buone vendite su carta stampata ed eBook, ma non sono andati così bene come audiolibri. Ciò a cui ho assistito maggiormente sono libri che hanno avuto poche vendite in formato cartaceo, ma ottime come audiolibro. Perché? Sono sicuro che i gusti delle persone e la concorrenza giochino un ruolo importante, ma molto lo attribuisco anche alle Pari Probabilità: semplicemente NON puoi sapere con certezza da dove arriverà il tuo prossimo successo.

Con GCMS e-Learning all'inizio le vendite erano lente, poi quando abbiamo aumentato il prezzo improvvisamente sono incrementate. Questo perché? Il contenuto era sempre buono e, in effetti, lo abbiamo ampliato per renderlo il migliore nella sua categoria, ma stranamente le vendite hanno iniziato ad aumentare solo dopo aver alzato il prezzo.

Ora applico la Regola delle Pari Probabilità in così tante aree della mia vita che a volte fa quasi paura. Ho semplicemente provato ad apprendere più cose, e ti incoraggio a fare lo stesso con gli affari, **ma** con il principio di rendere il fallimento sostenibile. Questo aspetto non è negoziabile; la licenza di provare cose nuove non significa avere il permesso per una follia illimitata. Prova molte cose e fallo spesso, ma solo con la consapevolezza fondamentale che se l'idea fallisce ciò non comporterà anche il fallimento della tua attività. Mettiamo ad esempio che tu voglia provare un nuovo mercato o una nuova serie di annunci pubblicitari per commercializzare i tuoi prodotti. Ti suggerisco di allocare solo una parte del budget nell'area marketing, non tutto o comunque non più del 10-15% per iniziare. La conoscenza appresa dall'utilizzo di quel 10-15% del budget potrà essere perfezionata per i tentativi futuri. È anche vero che le probabilità di successo aumentano man mano che anche le nostre capacità migliorano. Si tratta di un concetto che ho utilizzato anche nel mio trading forex e che mi ha permesso di essere sempre redditizio. Chi ha seguito le mie lezioni di trading conosce molto bene questa regola.

In conclusione, tu ed io non siamo bravi come crediamo a sapere cosa si rivelerà un successo con i clienti di un certo mercato.

Ciò che conta davvero per ampliare il tuo business

Avere a disposizione e sviluppare un network professionale di persone che conosci bene è una delle decisioni migliori che puoi prendere per la tua azienda. Parlando di aumento delle vendite, le campagne pubblicitarie sono utili se eseguite correttamente, ma possono essere costose. Questo costo potrebbe anche essere un ostacolo se hai appena iniziando e disponi di fondi limitati.

All'inizio dell'attività i tuoi contatti professionali giocheranno un ruolo fondamentale, fortunatamente o meno. Vorrei davvero che ci fosse un modo magico per aggirare questo fatto. Tutto ciò è ingiusto, e immagino politicamente scorretto, ma non ho tempo per questo, e nemmeno tu.

Prima di approfondire questo aspetto, devo assolutamente chiarire il fatto che i tuoi prodotti o servizi devono offrire ai clienti un valore ad un prezzo equo. Anche la tua reputazione giocherà un ruolo particolare, ma una buona rete di connessioni ti permette di accelerare il processo di crescita.

Comincio utilizzando me stesso come esempio per alcuni eventi che ho vissuto grazie al mio network:

Discorso sulla tecnologia blockchain presso l'Ambasciata Reale Danese a Mosca, Russia

La prima domanda che mi hanno fatto è stata: "Sei danese?" No, non lo sono. Sono nato in Giamaica, ma sono cresciuto negli Stati Uniti (New York). Ottenere una conferenza retribuita per CEO danesi a Mosca non era un qualcosa che avevo pianificato, ma è tutto dovuto ad un libro che ho scritto sulla tecnologia che ha attirato l'attenzione di alcune persone. Utilizzando i miei soli sforzi per avere un buon prodotto (il libro), arrivare in Russia ha richiesto un aiuto da parte del mio network. Conoscevo qualcuno che aveva contatti con professionisti di alto livello a Mosca e vi era una richiesta di informazioni sulla blockchain. Abbiamo stabilito un collegamento e un paio di mesi dopo stavo parlando all'ambasciata a Mosca.

Foto: Conferenza all'Ambasciata Reale Danese a Mosca, Russia.

Una conferenza online di due giorni trasmessa in tutta l'America Latina sulle criptovalute (Bitcoin, ecc.)

Questo evento è stato uno dei più impegnativi che abbia mai affrontato. Io e un team di presentatori abbiamo tenuto lezioni online su come fare trading di criptovalute, in spagnolo. Lavoravo con una banca con sede a Santiago, in Cile, e l'evento contava partecipanti provenienti da tutta l'America Latina. Come avevo creato quella connessione? Parlo anche spagnolo?

A pensarci bene, le possibilità che una banca in Cile venga a sapere di un giamaicano/newyorkese che vive in Danimarca è improbabile. La parola "network" torna anche stavolta; tutto questo era il risultato di un collegamento a livello bancario derivante dal mio essere stato direttore di un ufficio regionale a Panama. A quel tempo, avevo anche appena scritto un libro sulle criptovalute e stavo presentando quel prodotto. Per i più curiosi, quando mi è stata offerta l'opportunità di portare avanti questo evento ho parlato molto poco spagnolo. Ho deciso subito di imparare molto di più lo spagnolo e di farlo velocemente. Ho trovato un tutor a Oviedo, una piccola città nel nord della Spagna. Sono partito dalla Danimarca e ho iniziato a prendere lezioni private giornaliere per un mese finché non sono stato in grado di parlare in spagnolo.

Foto: Un post online sull'evento in America Latina.

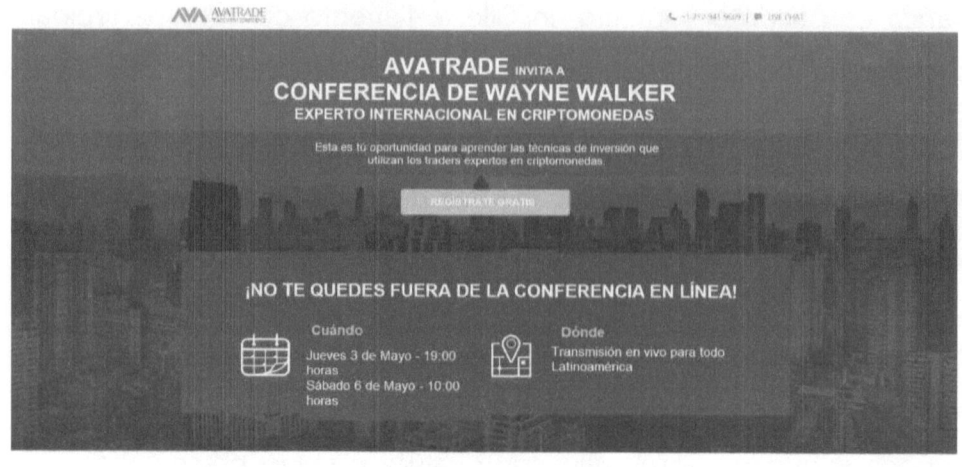

EXPONENTES

Wayne Walker

Fundador de Global Capital Markets Solutions, la primera escuela de trading en criptomonedas a nivel global. Autor del libro "Guía Definitiva para el dominio de Bitcoin y Criptomonedas", creador del primer curso e-learning de criptomonedas y profesor en las más prestigiosas Universidades Europeas y Asiáticas.

Cristina Valdés
Fundadora de Segmento Cripto. Posee más de 9 años de experiencia en el mercado de capitales y tiene la certificación CBP (Certified Bitcoin Professional) otorgada por Crypto Currency Certification Consortium.

Miguel Cedillo
CEO de FX Managment Solutions. Posee más de 20 años de experiencia en el mercado de capitales, trabajando en Salomon Smith Barney, Credit Agricole, M&G Valores, entre otros mas.

Reserva tu asistencia gratis hoy y aprende cómo impulsar tu trading de criptomonedas

Reservar mi asistencia

Spero che con questi due esempi il modello sia più chiaro: è necessario disporre di un prodotto o servizio che offra valore, quindi

di un network professionale che aiuti ad accelerare il processo di crescita.

Anche prima di fondare la mia azienda, il concetto di network ha sempre svolto un ruolo importante nella mia vita. Il mio primo lavoro a New York City è stato influenzato da persone che conoscevo e che lavoravano nel settore finanziario. I primi lavori bancari che sono riuscito ad ottenere in Europa li devo ad alcuni consigli che mi hanno dato degli amici. I suggerimenti erano talmente buoni che uno dei lavori prevedeva una situazione di colloquio-intervista, ormai diventate più comuni. Questo colloquio-intervista significa che, invece di un colloquio tradizionale, si discute semplicemente se esiste un incontro mentale tra te e il tuo potenziale datore di lavoro. La mia situazione era unica? Assolutamente no!

Realizzare un network

Sarebbe una vera delusione fare un grosso affare sul valore del tuo network senza offrire alcuni passaggi su come realizzarlo.

LinkedIn

Crea e mantieni un account LinkedIn il prima possibile. Questo è lo strumento preferito del networking aziendale. Aggiungi una tua foto nel profilo che ti mostri come persona che sta avanzando nel suo percorso di vita. Da qui puoi iniziare a creare collegamenti con le persone facenti parte delle aziende che più ti interessano. Piccolo accorgimento, cercare un collegamento con qualcuno e il giorno dopo chiedere subito dei favori è considerato di pessimo gusto. La persona probabilmente ti bloccherà o ti ignorerà. Un altro elemento del viaggio nella costruzione di un network è quello di iniziare il processo <u>molto</u> prima che sia necessario utilizzarlo.

Attività professionali e di volontariato

Oltre a LinkedIn, ti suggerisco di contattare il prima possibile i gruppi professionali che più ti interessano. Un piccolo promemoria: la chiave per il networking è cominciare prima di averne bisogno. Altrimenti potresti rischiare di sembrare un imbroglione che cerca di prendere senza offrire nulla. A proposito, non c'è niente di sbagliato in una fretta legittima ma dovresti contribuire prima di prendere.

Inizia con gruppi professionali rilevanti, anche se in questo processo è importante non trascurare i gruppi di volontari o sportivi. Sono noti per attrarre ogni tipo di background professionale e hanno l'ulteriore vantaggio di fornirti uno sbocco per prenderti una pausa dalle pressioni derivanti da un'azienda in crescita.

Alcuni esempi presi dal mio mondo: ho parlato presso la camera di commercio locale, dove sono molti gli uomini d'affari con la stessa mentalità. Dato che mi interesso alla tecnologia blockchain, ho parlato anche ad eventi sponsorizzati dalla principale organizzazione blockchain presente in Nord Europa. Entrambi questi gruppi mi hanno portato ad acquisire più clienti.

Leadership

Ora che sei nel gruppo, il passo successivo è quello andare oltre l'essere un membro senza volto e cercare un ruolo di leadership. Con un ruolo di questo tipo puoi pensare di massimizzare e potenziare le tue opportunità di networking. Sarai il punto di contatto per aziende e gruppi esterni. Ciò potrebbe anche portare alla creazione di un network con altre aziende e clienti.

In molti casi, le tue capacità di parlare in pubblico miglioreranno col fatto di essere un leader. Se hai la possibilità di parlare in pubblico, fare pratica con questa abilità il più spesso possibile ti offrirà uno dei migliori ritorni possibili in termini di investimento del tuo tempo.

Per evitare di dare segnali contrastanti devo affermare ciò che già dovrebbe essere ovvio; non è il gruppo di volontari, ma la tua attività a venire prima di tutto. Se c'è un conflitto con l'utilizzo del tuo tempo, potendo contare su di un'attività redditizia sarai sempre un valore aggiunto per qualsiasi organizzazione... essere al verde non aiuta la causa.

Email Marketing

Email marketing

Questo argomento è diventato una parte importante della mia evoluzione come imprenditore. L'unica cosa che posso dire dell'email marketing è che non si tratta di una cosa! Hai bisogno di una combinazione di elementi e di una sequenza di email. L'email marketing è un elemento che dovrai incorporare in concerto con lo sviluppo della tua attività. Sono molti i passaggi coinvolti e le cose possono diventare un po' complicate se non hai un background di marketing su Internet.

Quello che ti offrirò è la conoscenza dei passaggi pratici necessari per iniziare. Si tratta di un qualcosa per i quali i consulenti chiedono spesso migliaia di dollari per delle lezioni. Come imparerai, si tratta di una conoscenza preziosa ma a mio parere questi consulenti di marketing sono troppo esosi. Il più delle volte viene pubblicizzata come una conoscenza "unica", ma sono qui per confermare che in realtà non ti stanno offrendo nulla di eccessivamente unico. Come succede con molti altri sistemi, quasi tutto dipende dall'esecuzione. Alcuni consulenti riescono a mettere in atto delle strategie meglio di altri, e questi ne valgono la pena, ma solo dopo averti dimostrato in che modo hanno portato avanti i propri affari. Se conoscono una strategia così buona, perché non la usano per le proprie aziende?

Lead magnet

Un lead magnet è uno degli strumenti principali utilizzato dai professionisti del marketing per creare un elenco di email. Uno degli elementi più preziosi a disposizione di quasi ogni azienda è un elenco di email verificate (nessuna lista piena di email false). È talmente prezioso che le persone pagherebbero oro per poterne costruire una e, se la possiedi, puoi guadagnarti da vivere decentemente solo con quella lista.

Di cosa si tratta?

Quindi cos'è esattamente un lead magnet? È tutto ciò che convincerà i visitatori del tuo sito web a lasciare i propri indirizzi email. Quello che potremo chiamare magnete può avere la forma di un eBook, essere il download di un software (spesso con una prova gratuita) o anche un pacchetto di video di formazione. Ovviamente, il magnete deve essere un qualcosa di valore. Di solito un PDF di una pagina non ha un valore sufficiente. Per la mia esperienza e quella di molti altri, uno dei migliori magneti è un eBook su alcuni argomenti relativi al servizio che offri. Parlando di eBook, questo non dovrebbe contenere solo 20 pagine di pubblicità inerenti al servizio venduto. È necessario fornire qualcosa che abbia valore, che spesso può essere realizzato rimanendo nelle 20 pagine. Sul mio sito web ne è presente uno di quella lunghezza ed ha funzionato alla grande. Puoi visitare il mio sito e controllare tu stesso: www.gcmsonline.info.

Se si tratta di un eBook, puoi anche scriverlo da solo o farlo fare da qualcuno per te. Ciò che pagherai dipenderà dalla qualità di chi scrive e dalla complessità dell'argomento.

Dopo aver determinato quale sarà il tuo lead magnet, avrai a che fare con il mondo dei servizi necessari durante l'esecuzione. Per il mio eBook omaggio o utilizzato BookFunnel. Questo ti permette di creare una landing page o una pagina giveaway per la tua offerta. Per chi non ha familiarità con le landing page, ecco una rapida spiegazione: si tratta di uno strumento utilizzato nel marketing online con l'obiettivo di offrire al visitatore della pagina un servizio, un'offerta o un prodotto in cambio del suo indirizzo email.

Nel mio caso, ho creato una semplice pagina di destinazione in cui le persone lasciavano la loro email per ricevere il mio eBook. Non hai bisogno di nulla di eccessivamente complicato; basterà semplicemente indicare la tua proposta di valore sul perché le persone dovrebbero accettare la tua offerta.

Il servizio che scegli di utilizzare in questo caso dovrebbe svolgere la maggior parte del lavoro per te, e farlo in maniera relativamente poco costosa. Ho usato BookFunnel, ma non si tratta di una sorta di avvallo; non ho rapporti d'affari con loro se non come cliente.

Solitamente, una volta raccolte le email il tuo fornitore di servizi ti invierà un aggiornamento regolare delle persone che si sono iscritte alla tua offerta, unitamente alle loro email in formato CSV. CSV è l'abbreviazione di Valori Separati da Virgola (Comma Separated Values). Si tratta di un tipo di file che conserva le tabelle e le informazioni del foglio di calcolo. I contenuti generalmente consistono in una tabella con testo, numeri o date separati da virgole. I file CSV possono essere facilmente importati o esportati, e sono molti i servizi di posta che prediligono questo formato per il trasferimento dei file.

Il passaggio successivo per il tuo file CSV prevede che sia caricato o importato in un servizio di mailing list. A volte viene utilizzato il termine "integrazione". Il servizio di mailing ti permette di creare una sequenza di email automatizzata, ed è qui che le cose possono diventare un po' complicate; il tutto dipende dal numero di email che vuoi inserire nella sequenza, della tempistica e da altri elementi inerenti. In poche parole, stai mettendo in atto una sorta di programmazione, perché una volta impostato il tuo sistema questo funzionerà automaticamente. Una semplice sequenza automatizzata può essere simile a questa:

Esempio di Sequenza Automatizzata:

Passaggio 1 – Quando un abbonato si unisce al gruppo: Azienda Esempio ABC

Passaggio 2 – Attendi 1 giorno

Passaggio 3 – Invia un'email di benvenuto

Passaggio 4 – Attendi 3 giorni

Passaggio 5 – Invia un'email di un'offerta o un upsell del tuo prodotto

Passaggio 6 – Attendi 2 giorni

Passaggio 7 – Invia un'email con un promemoria dell'offerta

Come accennato, si tratta di una sequenza di base; la durata dei giorni di attesa tra le email dipende dal settore e dal prodotto. Esistono sistemi che inviano diversi tipi di email a seconda dell'azione o della mancanza di azione a partire dall'email iniziale. Personalmente, non sono a quel livello con le email automatiche. Devo comunque ammettere che sono ad un livello di utente pratico, nel senso che sono in grado di utilizzarle per generare vendite senza sprecare ore o giorni in programmazione.

Se per qualsiasi tipo di sistema di posta elettronica ti avvali del supporto di un consulente o un insegnante, richiedi che sia presente con te in modo da darti istruzioni pratiche, fondamentali per cominciare. A meno che tu non abbia un background nel marketing online, il gergo ed i sistemi potrebbero risultare un po' complicati (in uno dei prossimi capitoli potrai trovare una guida al gergo). Generalmente, i diversi servizi di mailing list presenti sul mercato non sono noti per avere un servizio clienti efficiente. Sono specializzati nella creazione di software e sistemi, non nell'aiutarti a configurarli. E di solito, ma in tutta onestà, addebitano solo una piccola tariffa mensile per i loro servizi, in modo che tu non debba distribuire troppo budget in eccesso per un team di assistenza clienti completo.

Una volta che il tuo sistema è a posto, andrai in contro ad una certa quantità di tentativi ed errori, fino a quando non inizierà a funzionare come desideri. Dovrai affrontare questo processo di prova ed errore anche se hai un insegnante.

Collegamento tra vendite e marketing

Man mano che sviluppi il tuo marketing, è importante che le email e il tuo sito web si colleghino con l'obiettivo finale o conclusivo dei tuoi potenziali clienti. Se non conosci l'obiettivo, è fondamentale che tu lo comprenda il più rapidamente possibile. Questa conoscenza è una delle chiavi per aumentare le tue vendite. Ad esempio, la mia azienda è specializzata nell'istruzione a livello pratico sui mercati dei capitali, ma gli obiettivi finali dei nostri clienti sono quelli di ottenere un nuovo lavoro o migliorare il proprio trading. Pertanto, tutti i nostri materiali di marketing si concentrano su questi obiettivi. Ciò risale al classico concetto di business, di separare i vantaggi di un prodotto dalle sue caratteristiche.

Cosa Non Ti Diranno i Consulenti

Evita la trappola di voler copiare quello che fa qualche azienda famosa

L'errore di fare, o semplicemente copiare, ciò che fa una grande azienda è una trappola aziendale spesso trascurata. Quando si a che fare con alcuni consulenti, una delle cose che questi amano usare sono casi di studio o esempi di ciò che ha funzionato per le grandi aziende.

Dovresti fare quello che hanno fatto IBM o Google? Potrebbe essere un buon consiglio se la tua azienda si trova già a quel livello di sviluppo. In questo libro, ad esempio, non ho intenzione di sprecare il tuo tempo parlando delle strategie delle grandi banche per le quali ho lavorato in passato. Il tema del libro sono le strategie per le piccole imprese con budget limitati; per questo faccio riferimento a strategie che hanno funzionato nel momento in cui ho avviato la mia azienda e cosa è stato fatto una volta raggiunta un certo livello di crescita. Quella complicata strategia utilizzata dalla tua grande azienda preferita si è rivelata utile per chi può contare su di uno staff di migliaia di dipendenti e budget quasi illimitati. Tutto questo per dire che, sia che il consiglio provenga da consulenti pagati o da un amico, tieni presente che deve essere rilevante per la fase di sviluppo della tua attività.

La colpa non è solo dei singoli consulenti, ci sono anche molti webinar e seminari a cui ho partecipato alla ricerca di nuove idee che si sono resi colpevoli di questo errore. Ho sentito spesso parlare di ciò che ha funzionato per le aziende con budget enormi, ma niente che parli di una piccola start-up. Non voglio certo dire che non si può imparare nulla dalle aziende più grandi perché ci sono idee che possono essere utilizzate, ad esempio, scalando. Devi solo essere più vigile e valutare se ciò che senti è davvero rilevante per il punto in cui si trova la tua azienda durante la sua crescita.

Questioni Pratiche

Questioni legali e normative

La nuova sfida normativa per gli imprenditori, oltre a dover ottenere tutti i permessi necessari per evitare problemi, è la tutela dei dati dei clienti. Rispetto a quando ho iniziato la mia attività, ora ci sono molte più normative in vigore che trattano il tema della memorizzazione dei dati e di cosa sia possibile fare con le informazioni delle persone. Ignorare tali normative potrebbe comportare multe costose e danni alla tua reputazione.

Nell'Unione Europea possiamo contare sul Regolamento Generale sulla Protezione dei Dati (GDPR). Il Regolamento Generale sulla Protezione dei Dati si occupa del trasferimento dei dati dei clienti al di fuori dell'Unione Europea. Dalla mia ricerca, ho scoperto che diversi paesi tra cui Cile, Argentina, Brasile, Kenya, Corea del Sud e Giappone, hanno adottato molti componenti del GDPR. Spero vivamente di averti invogliato ad informarti sulle normative previste per il tuo paese o regione.

Trattare con gli investitori

Quando ho fondato la mia azienda, le banche erano ancora il mezzo principale per finanziare la tua start-up se non avevi capitale sufficiente. Nel primo libro ho descritto dolorosamente come nel 2008, pur avendo un ottimo credito, denaro in banca ed essendo cliente da molti anni, mi fu rapidamente rifiutato un prestito aziendale dalla mia banca. I tempi sono cambiati in meglio, nel senso che come imprenditore hai più strade da perseguire nella ricerca di finanziamenti per la tua idea imprenditoriale. La mia banca all'epoca voleva un qualcosa di sicuro, una garanzia... avviare un'impresa ovviamente non lo è.

Oggi, se hai bisogno di finanziamenti puoi contare su di incubatori di imprese, crowdfunding, private equity, venture capital, angel investor, ecc. Tra questi, dovresti selezionare la soluzione con la quale ti senti maggiormente a tuo agio. Avviare un'impresa è già abbastanza stressante senza dover allo stesso tempo combattere con gli investitori. Utilizzavo i miei soldi, facevo operazioni di trading su forex e facevo lavori secondari per finanziare la mia attività, ma quella era la mia strada; non è una cosa per tutti.

Il mio consiglio a chi cerca un finanziamento è di aspettare il più a lungo possibile prima di richiederlo. Devi avvicinarti agli investitori essendo il più forte possibile. Più sei debole, più capitale/proprietà dovrai cedere in cambio di finanziamenti. Per essere più concreti, idealmente dovresti avvicinarti agli investitori quando hai prova di fattibilità e la migliore prova di fattibilità è pagare i clienti. Alcuni anni fa, tutto ciò di cui avevi bisogno erano persone che visitano il tuo sito web. Da allora gli investitori sono maturati, adesso chiedono di dimostrare che esiste una possibilità ragionevole di poter recuperare il loro investimento e, idealmente, realizzino un grande profitto.

Sito Web

Non avere un sito web nel contesto attuale è un vero suicidio aziendale. Se stai leggendo questo articolo, presumo che tu ne abbia uno o che tu lo stia costruendo. Rispetto al primo libro, ora dovresti assicurarti che il tuo sito web sia compatibile con cellulari/dispositivi mobile. In altre parole, nel momento in cui le persone visitano il tuo sito devono poter accedere ai tuoi contenuti con facilità, utilizzando qualsiasi dispositivo in loro possesso.

Social Media

Negli ultimi anni, abbiamo assistito ad un'esplosione di nuovi attori nel mondo dei social media. Il mio preferito è LinkedIn, perché mi muovo principalmente nell'universo della finanza e del business coaching. Se possedessi un bar o un ristorante, Instagram o Facebook sarebbero più vicini alle mie necessità.

Influencer

Quello che di sicuro non esisteva quando ho iniziato la mia attività, o almeno non come descrizione di un determinato lavoro, sono gli influencer. Se dieci anni fa mi avessero detto che le persone sarebbero state famose per il solo fatto di essere famose, non ci avrei mai creduto. Questo per dire che una persona ha fama pur non avendo talento o abilità identificabili. Lo trovo ridicolo, ma fortunatamente per loro esistono molte persone che percepiscono un valore in ciò che gli influencer offrono ai loro follower quando promuovono i prodotti.

Non ho mai lavorato con un influencer, ma da quello che ho letto e dai feedback dei miei colleghi, si tratta di una scommessa. Si è scoperto che molti di questi influencer hanno follower falsi, il che è fondamentalmente una frode. Altri ancora stanno andando incontro a problemi di credibilità nei confronti dei follower, a causa dei prodotti che hanno scelto di sostenere. Se decidi di iniziare a lavorare con uno di questi, il mio suggerimento è quello di effettuare un controllo rigoroso del suo background prima di consegnarli i tuoi soldi. Promemoria per gli impazienti: il passaparola è ancora oggi uno strumento potente. Avere clienti soddisfatti è uno dei migliori tipi di "influencer" che io conosca.

Che Tipo di Attività Avviare?

rapidi cambiamenti tecnologici e i gusti del pubblico hanno davvero messo in luce i punti deboli di molti modelli di business, inclusi alcune fragilità della mia attività. Sono stato abbastanza fortunato nell'aver iniziato una transizione spostando la maggior parte della mia attività online, prima di essere stato costretto a farlo. Essere online elimina molte delle problematiche, ad esempio il dover pagare l'affitto di un luogo fisico per avere un indirizzo aziendale di fantasia. Il mondo online è una buona opzione, ma ciò che preferisco è poter lavorare in una sorta di ibrido, in cui si può essere online e offline allo stesso tempo. Gli innamorati dell'online a volte dimenticano che essere online al 100% comporta anche delle sfide. Non ci vuole niente a rovinare la tua settimana a causa di un problema alla tua rete o per gli attacchi di hacker su Internet. Sfortunatamente, ci sono anche storie tristi di proprietari di aziende vittime di hacker che hanno preso in ostaggio siti web o file in cambio di un riscatto.

Qualunque attività tu stia avviando, o se hai già un business esistente, la tua attenzione dovrebbe concentrarsi sulla scalabilità e sulla sopravvivenza agli insuccessi. Un esempio di come rendere il fallimento sostenibile è non mettersi mai in una situazione in cui la perdita di uno, o di un paio di clienti, o di una regione, potrebbe mettere ko la tua attività. In un mondo di buon senso questo dovrebbe essere un pensiero basilare, ma con mia grande sorpresa è incredibile quanto spesso sia le piccole che le grandi aziende commettano questo errore. Nel nostro aeroporto internazionale operava una ditta di smistamento bagagli che aveva un grande cliente, una compagnia aerea. Quella compagnia aerea ha cessato l'attività e l'azienda di smistamento bagagli ha dovuto licenziare centinaia di dipendenti. Mi chiedo cosa facessero i leader dell'azienda negli anni precedenti. Chiaramente non stavano pensando molto. Ora analizziamo alcune delle mie idee imprenditoriali che suggerisco di seguire ai titolari di attività commerciali nuove o già esistenti.

Scrittura e pubblicazione di eBook

Per iniziare, parleremo delle differenze. Pubblicare non è la stessa cosa dello scrivere i libri. Scrivo personalmente tutti i miei libri; ma ci sono persone che scelgono di farlo fare ad altri, e in questo caso si tratta di ghostwriting. Non è una novità, esiste da secoli. Non lo dico per esprimere giudizi morali, ma solo per spiegare che per alcuni si tratta di una scelta. In questo caso sono solo editori. Sono uno scrittore che si autoproduce. Nelle prossime pagine ti spiegherò cosa significa dal punto di vista di chi pubblica da solo quello che scrive in quanto azienda.

Dal primo libro la mia posizione e competenza in questo settore sono cresciute molto. Uno dei motivi principali è che le opzioni a disposizione di un soggetto in un determinato settore si sono ampliate in modo significativo. Nel campo dell'editoria, il mio obiettivo originale era quello di scrivere dei libri su argomenti che mi piacevano e che conoscevo bene. Ho intrapreso la strada dell'editoria indipendente perché ho faticato molto quando ho cercato di convincere una grande casa editrice a pubblicare i miei primi libri. Alla fine, optare per la strada indipendente si è rivelata essere la scelta migliore per me. Godo di più libertà e di una parte maggiore dei miei profitti.

Proprietario dei contenuti

La prima cosa di cui devi essere consapevole nel momento in cui scrivi e pubblichi da solo è che ora hai i tuoi contenuti. Il contenuto è una componente preziosa! Una volta che ce l'hai, puoi convertirlo in molti formati. I miei eBook sono diventati libri cartacei, e negli ultimi anni sono passato anche agli audiolibri. C'è stato un aumento enorme delle vendite di audiolibri. A seconda dell'argomento trattato puoi anche pensare di convertire quel contenuto in un corso online.

Ma c'è di più, mi sono stati offerti e ho accettato impegni di conferenze semplicemente perché ho scritto un libro - ok, è stato un buon libro. Questo può anche essere visto come un esempio del modello di business ibrido; i miei eBook sono online, ma parlo ai gruppi offline.

Il mio consiglio è semplice, se sei molto informato su qualcosa e hai una passione, scrivi su quell'argomento e pubblicalo. Tieni presente che oltre a essere un'azienda, hai il potenziale per aiutare le persone in tutto il mondo. Solo perché quel qualcosa per te è semplice, non è detto che qualcun altro non possa aver bisogno di certe informazioni per cambiare o migliorare la propria vita. Normalmente leggo molto e sono grato agli autori che hanno condiviso le loro conoscenze con me e con il mondo.

Dall'idea alla pubblicazione

Per iniziare con la pubblicazione, devi iniziare a scrivere; è semplice. Ma ovviamente, semplice non sempre significa facile. La scrittura, come molte altre cose, diventa più facile con la pratica. Una delle cose che spaventa i nuovi autori è la paura della lunghezza del libro.

Se il tuo obiettivo principale è quello di dare valore ai lettori, non sono necessarie 20.000 parole di saggistica; ne basteranno 5.000. Se passi alla scrittura di romanzi rosa di narrativa contemporanea mi aspetto dalle 30.000 alle 50.000 parole, ma si tratta di un genere completamente diverso.

Una volta terminata la scrittura del tuo libro, dovrai selezionare una piattaforma per poterlo caricare e renderlo disponibile per la vendita. Alcuni scrittori utilizzano una sola piattaforma, io ne uso diverse ma alla fine deciderai tu cosa è meglio per te. Altri vendono esclusivamente dal proprio sito web; all'inizio l'ho fatto anche io, ma ora mi sono evoluto ed utilizzo più piattaforme.

Per quanto riguarda il marketing e la vendita del tuo libro, ogni piattaforma ha la sua base esistente di lettori; tuttavia, puoi sempre portare il tutto ad un livello superiore pubblicando i tuoi annunci. Gli autori utilizzano spesso annunci Facebook, mailing list e social media per aumentare le vendite.

Oltre gli eBook

Il prossimo passo sarà quello di selezionare il formato del tuo libro, oltre al semplice eBook. Puoi avere il tuo libro in formato cartaceo e anche audio, e come accennato in precedenza gli audiolibri hanno visto un aumento delle vendite notevole. Ci sono altre buone notizie; puoi anche provare a tradurre il tuo libro in più lingue. Il tuo libro potrebbe non avere successo nella tua lingua madre, ma potrebbe diventare un best seller in un'altra. Ricorda la Regola delle Pari Probabilità: la nostra capacità di prevedere ciò che potrà essere un successo non è così buona come vorremmo credere.

La fase successiva del tuo viaggio editoriale, e forse anche la parte più eccitante, è quella di sfruttare il tuo libro per parlare in pubblico. È un qualcosa che ho fatto sempre di più negli ultimi anni. Potrebbe non essere il tuo obiettivo attuale, anche per me non lo era inizialmente, ma mi sono evoluto e anche tu puoi farlo.

L'autopubblicazione è uno strumento incredibile grazie alla sua flessibilità. Alcuni autori si concentrano sulla vendita del maggior numero di libri possibile, altri lo utilizzano per aumentare il proprio profilo pubblico in modo da poter partecipare a delle conferenze e altri ancora lo fanno semplicemente per condividere la propria passione e proporla ai lettori. Per coloro che prestano attenzione, sembra essere una tendenza per quasi tutti i politici scrivere un libro prima di candidarsi.

Webinar – Lezioni online

Offrire webinar, lezioni e altro a pagamento è un ottimo modo per farlo; e se hai un libro collegato alla classe ancora meglio. È importante sottolineare che un libro non è un requisito per creare un corso.

Le persone pagheranno per avere accesso alle tue conoscenze. Ho formato persone in tutto il mondo, ed è un qualcosa sia di redditizio che soddisfacente a livello personale. Sperimenterai un grande senso di soddisfazione nel sapere che hai aiutato qualcuno a risolvere un problema, o che gli hai aperto gli occhi a nuove possibilità. Proprio come i miei clienti, anche io ricevo formazione su argomenti che voglio migliorare.

Consulenze

Se puoi dimostrare in che modo le tue conoscenze e abilità possono apportare in modo pratico beneficio ad organizzazioni o gruppi, verrai pagato per questo. Ho lavorato con diversi gruppi su progetti di educazione pratica riguardanti mercati di capitale, e ho parlato direttamente della realtà dell'avvio di un'impresa con liquidità limitata.

Queste sono solo alcune delle mie attività preferite per iniziare quando hai poca liquidità. Potresti aver notato che dopo la creazione di alcuni contenuti, questi possono essere tutti collegati tra loro. Un corso può portare a un libro, che può portare ad una richiesta di parlare in pubblico o a un incarico di consulenza. Durante l'intero processo mescoli il mondo online e quello offline, in modo da poter usufruire su entrate diverse.

Analisi SWOT delle Soluzioni per il Mercato di Capitale a Livello Globale (GCMS)

Analisi SWOT delle Soluzioni per il Mercato di Capitale a Livello Globale (GCMS)

Analisi SWOT

Così è tornata anche l'analisi SWOT della mia azienda, ne avevo inserita una nel primo libro e ora hai la versione aggiornata. Per coloro che hanno dimenticato il significato di SWOT = Punti di Forza (è scalabile?), Debolezze, Opportunità, Minacce. Puoi confrontare il mio SWOT attuale con il primo, in modo da poter analizzare in che modo ci siamo evoluti. L'ho utilizzato nel primo anno della mia azienda. Alcuni dettagli rimangono ancora segreti, ma molto di ciò che ho esaminato all'inizio di GCMS può essere visionato. Consiglio a tutte le aziende un'analisi SWOT. Si tratta di un ottimo controllo della realtà per *te*, non per le banche o per i tuoi amici.

Sede ed Uffici

Gli uffici dell'azienda si trovano a Copenaghen e Madrid.

Punti di forza

- **Gestione:** il nostro staff dirigenziale è composto da esperti a livello internazionale e altamente qualificati nel proprio campo specifico.
- **Personale esperto:** il nostro pool di consulenti include alcuni dei migliori del settore.

- **Visione chiara delle esigenze del mercato:** GCMS conosce i suoi potenziali clienti (trader privati, studenti universitari, neolaureati e istituzioni finanziarie di medie dimensioni)

Debolezze

- Esposizione al mercato insufficiente: nonostante i prodotti e i contenuti GCMS siano di alta qualità, non vi sono abbastanza potenziali clienti che ci conoscono. Per migliorare questo aspetto abbiamo ampliato la nostra strategia di email marketing.

Opportunità

- **Crescita nel mercato:** la crescita che osserviamo nel settore finanziario e nei mercati in via di sviluppo, aumenterà in generale il numero di potenziali clienti per i nostri servizi. GCMS continuerà a concentrarsi sull'espansione della nostra quota di mercato.

- **Potenziale di crescita a livello internazionale:** GCMS si è affermato e ha una sua stabilità finanziaria; ha iniziato la commercializzazione dei propri servizi in diversi paesi in via di sviluppo. GCMS ha avviato questa campagna e siamo già presenti in diversi continenti. Diversificheremo ulteriormente i nostri sforzi di comunicazione tramite Internet.

- **Potenziale per diventare principali fornitori:** GCMS non si occupa solo di management e di personale, ma può contare anche su di una strategia scalabile tramite la quale costruire una piattaforma sostenibile per la crescita.

Minacce

- **Tecnologia:** possiamo contare su di un'esposizione online maggiore rispetto al passato; pertanto, qualsiasi interruzione del servizio Internet rappresenta per noi o per i clienti una minaccia maggiore rispetto al passato.
- **Competitors regionali emergenti:** attualmente GCMS gode del vantaggio di prima mossa in molti mercati. Ma i competitors potrebbero essere già all'orizzonte e noi siamo pronti per il loro ingresso. Molti dei nostri programmi si basano su competenze e <u>contatti personali che semplicemente altri non hanno a disposizione</u>.
- **Leggi, regolamenti, politiche:** eventuali nuovi requisiti legali a cui GCMS potrebbe essere tenuto ad adattarsi.
- **Pandemia o Recessione Economica:** recessioni economiche o pandemie come il COVID-19, impreviste o inattese, potrebbero ridurre il reddito disponibile dei potenziali clienti. Ma sono state apprese lezioni e sono in atto procedure in modo da gestire eventuali shock economici.

Visione

GCMS ha il potenziale giusto, e intende diventare il principale fornitore di formazione e consulenza pratica sui mercati di capitale a livello globale. La buona notizia è che siamo già sulla buona strada perché ciò accada.

Prossimi Passi

Quando Sei Pronto Per Iniziare – Contattami

S pero sinceramente che questo libro ti abbia portato beneficio. Mi rendo conto, tuttavia, che i libri hanno alcune limitazioni. Se necessiti di un tipo di formazione più pratica, puoi contattarmi qui: www.gcmsonline.info, dove potrò dare risposte alle tue sfide aziendali.

Se non hai letto il primo libro _La tua Prima Start-Up: Guida al Business delle Start-Up, dall'Idea al Lancio_, ti invito a farlo perché contiene molte lezioni preziose che ti saranno utili nel tuo sviluppo continuo come imprenditore.

Guida al Gergo del Marketing Online per i Proprietari di Piccole Imprese

I punto centrale di questa breve panoramica è quello di ampliare la tua conoscenza del gergo del marketing online, in modo da essere meglio equipaggiato nel momento in cui utilizzi gli strumenti che potresti incontrare dai sistemi di email marketing. Questa guida ti permetterà anche di interpretare i rapporti necessari per dare un senso alla valutazione dei dati dal tuo sito web. Ho messo il tutto insieme in un linguaggio semplice, in modo che coloro che non hanno una solida esperienza nel marketing online possano comprendere con maggiore facilità.

Costo di Acquisizione del Cliente (CAC)

Si tratta del tuo costo, dalle vendite al marketing. Questo valore può essere misurato su settimane, trimestri o annualmente, dipende tutto dai tuoi obiettivi. Lo sbaglio che si fa di frequente è di non riuscire ad includere il costo del marketing nel suo complesso. Devi includere **ogni cosa**: gli stipendi, i costi pubblicitari, le commissioni eccetera, altrimenti non avrai mai un'immagine reale di quanto ti costa ogni vendita.

Content Management System (CMS)

Si tratta di uno strumento utilizzato per gestire e modificare un sito web. Questo è il "backend" di un sito. Grazie ad un sistema di gestione dei contenuti, hai il ruolo di amministratore in cui puoi, ad esempio, concedere o rimuovere alle persone il permesso di accedere a determinati contenuti sul tuo sito.

Percentuale di Clic (CTR)

Si tratta della percentuale di visitatori del tuo sito che accedono al passaggio successivo della tua campagna. Il tuo CTR è il numero di clic ricevuti dalla tua pagina, diviso per il numero di opportunità su cui hanno cliccato.

Call-to-Action (CTA)

Un CTA è qualcosa che incoraggia i visitatori del tuo sito ad intraprendere un'azione, potrebbe essere qualcosa come "Acquista Ora" o "Scarica qui". Per inviare all'azione la tua offerta deve avere una proposta di valore convincente. Il tuo call-to-action può essere un pulsante o un'immagine collegata ad un link.

Indice di Rimbalzo

La frequenza di rimbalzo del tuo sito web si riferisce alla percentuale di persone che visitano il sito senza cliccare su qualcosa. Più alto è questo valore, più basso sarà il tuo tasso di conversione; è come se ti stesse dicendo che le persone entrano sul tuo sito e scappano velocemente. Ovviamente se nessuno rimane sul tuo sito o naviga in alcuna pagina non arriveranno vendite o altre attività significative

Contenuto

I contenuti sono informazioni che i clienti o i lettori utilizzeranno, condivideranno o con i quali interagiranno. Come ho sottolineato nel corso del libro, un contenuto che offre valore agli altri è un bene estremamente prezioso che ti ricompenserà per anni. Il contenuto è disponibile in molti formati: eBook, un corso online o un podcast, solo per citarne alcuni.

Rapporto di Analisi

Nel mondo del marketing significa analizzare i dati del tuo sito web, social media e altro, nel tentativo di identificare trend e intuizioni. L'analisi dovrebbe idealmente portarti a prendere migliori decisioni di marketing, specialmente nell'area di come spendere il tuo budget relativo a quest'area.

Test A/B

Il test A/B si verifica nel momento in cui vengono valutate due versioni di una campagna di marketing per vedere quale funziona meglio. Ciò che viene confrontato dipende dall'obiettivo. Ad esempio, potrebbe essere il tuo call-to-action o una pagina di destinazione in cui provi diversi colori, testi, ecc.

Contenuti Sempre Attuali

Un contenuto sempre attuale fornisce valore ai tuoi lettori, indipendentemente da quando viene letto. In poche parole, se il tuo contenuto viene letto questa settimana o tra 5 anni, le persone ne percepiranno ancora il suo valore. Per qualificarsi come contenuto sempre attuale deve trattarsi di un qualcosa di altissima qualità, dal quale deriverà la sua capacità di rimanere quasi senza tempo. Questo è l'obiettivo finale di qualsiasi scrittore o creatore di contenuti.

HTML

Si tratta dell'Hyper Text Markup Language (HTML), vale a dire linguaggio utilizzato per scrivere pagine web. Questo è tutto ciò che devi sapere di base come persona non tecnologica.

Pagina di Destinazione

Si tratta di una pagina web utilizzata per attirare potenziali clienti. Presenti un'offerta, ad esempio un eBook, in cambio dei dettagli di contatto del cliente, che la maggior parte delle volte consiste in un indirizzo email. Una pagina di destinazione ben pensata può essere fonte di numerose vendite per la tua attività.

Prova dei Social

Descrive il processo durante il quale le persone cercano nel loro social network (online o offline) prove che la tua azienda vale il loro denaro. Oggi in molti controlleranno quanti Mi Piace ha la tua pagina su Facebook o il numero di follower sulle diverse piattaforme social. La logica è che se hai un esercito di follower, allora devi avere qualcosa di buono o "interessante".

Service Level Agreement (SLA)

Il Service Level Agreement (SLA) è un accordo tra due aziende in cui i dettagli e le aspettative del rapporto sono resi trasparenti. Qualcosa che abbiamo utilizzato durante le partnership per progetti specifici.

User Experience (UX)

Questo è il termine per indicare l'esperienza che un cliente sperimenta con la tua azienda. Comprende l'intero processo, dalla visita iniziale al tuo sito web, all'acquisto, fino all'utilizzo del tuo prodotto e se ne viene consigliato l'uso ad altri. Questa è un'area a cui prestare particolare attenzione e nella maggior parte dei casi non richiede molto denaro per la sua esecuzione. Può assumere la forma poco costosa di un'email di follow-up ad un cliente dopo un acquisto sul tuo sito, o dopo aver frequentato una delle tue lezioni di persona.

PPC

PPC - Pay-Per-Click è quando hai inserito un annuncio per esempio su Facebook e vieni pagato ogni volta che qualcuno clicca sull'annuncio.

L'Autore

Wayne **Walker** dirige una società che si occupa di consulenza e formazione sui mercati di capitale globali (gcmsonline.info). Vanta diversi anni di esperienza nella guida e nel coaching di team di consulenti per gli investimenti, oltre ad aver gestito team con le migliori prestazioni in un Gruppo di Clienti Privato basato sul Bench Mark Earnings (BME). Wayne ha formato i trader del programma Citi-FX Pro a Londra. Ha inoltre sviluppato il programma "Trading Rights" presso Saxo Bank, che richiedeva ai consulenti per gli investimenti un completamento prima di essere autorizzati a fare trading. È un trader certificato dalla Markets in Financial Instrument Directive (MiFID) EU ed è qualificato per consigliare i clienti "A".

Wayne è opinionista dei mercati di capitale invitato di frequente in diversi programmi televisivi e radiofonici internazionali.

Wayne possiede diverse certificazioni e ha lavorato nelle seguenti posizioni:

- Direttore-Fondatore, (GCMS) Global Capital Market Solutions, Danimarca

- Autore di *Reality Based Trading Guide, (utilizzato nelle classi presso la Copenhagen Business School e altre università dell'UE)*

- Manager, Sales Trading, Nord America e Medio Oriente, Saxo Bank, Danimarca

- Laurea alla State University of New York, College a Buffalo, USA

- NASD Series 3 – Licenza di negoziazione e consulenza su contratti futures sul Mercato Statunitense

- Certificato di Negoziazione ACI (Mercati Finanziari) – Superato con Lode (livello più alto), Francia

- Formazione nel software di quotazione FX Options di Bloomberg e UBS Bank

www.ingramcontent.com/pod-product-compliance
Lightning Source LLC
Chambersburg PA
CBHW021904170526
45157CB00005B/1959